Pia Kucera

Bühne frei für die Leseförderung • Klasse 1/2

Mit dem Lesetheater
gestaltendes Lesen und Inhaltserfassung
in heterogenen Gruppen trainieren

Pia Kucera hat Deutsch, Kunst und Pädagogik auf Lehramt studiert. Nach Berufsjahren im Primar- und Sekundarschulbereich wechselte sie in die Lehrerausbildung. Seit ihrer Pensionierung und der Ausbildung zur Lerntherapeutin arbeitet sie an einem Institut für Lerntherapie.

Wir verwenden in unseren Werken eine genderneutrale Sprache, damit sich alle gleichermaßen angesprochen fühlen. Wenn keine neutrale Formulierung möglich ist, nennen wir die weibliche und die männliche Form. In Fällen, in denen wir aufgrund einer besseren Lesbarkeit nur ein Geschlecht nennen können, achten wir darauf, den unterschiedlichen Geschlechtsidentitäten gleichermaßen gerecht zu werden.

In diesem Werk sind nach dem MarkenG geschützte Marken und sonstige Kennzeichen für eine bessere Lesbarkeit nicht besonders kenntlich gemacht. Es kann also aus dem Fehlen eines entsprechenden Hinweises nicht geschlossen werden, dass es sich um einen freien Warennamen handelt.

1. Auflage 2024

AAP Lehrerwelt GmbH
Veritaskai 3
21079 Hamburg
Telefon: +49 (0) 40325083-040
E-Mail: info@lehrerwelt.de
Geschäftsführung: Andrea Fischer, Sandra Saghbazarian
USt-ID: DE 173 77 61 42
Register: AG Hamburg HRB/126335

Autorschaft: Pia Kucera
Redaktion: Kathrin Roth
Covergestaltung: TSA&B Werbeagentur GmbH, Hamburg
Coverfoto: Mädchen: Christian Schwier/stock.adobe.com (Bildnr.: 19776988); Illustration: Pia Kucera
Illustrationen: Pia Kucera
Satz: Satzpunkt Ursula Ewert GmbH, Bayreuth
Druck und Bindung: PMLS GmbH & Co. KG, Kassel

ISBN/Bestellnummer: 978-3-403-10787-3
www.scolix.de

Inhaltsverzeichnis

Freundschaftsgeschichten

Geschichten vom Essen und Trinken

Abenteuergeschichten

Vorwort, Hinweise und methodische Impulse

Liebe Kolleginnen und Kollegen,

Geschichten gemeinsam lesen, sich gegenseitig etwas vorlesen und dabei das Lesen üben, das motiviert und weckt Ideen.
Das Lesetheater ermöglicht es Ihren Schülerinnen und Schülern, über kurze Texte und überschaubare Rollen im täglichen Lesetraining jeweils angemessene Herausforderungen anzunehmen. Gleichzeitig entsteht durch das Vorlesen eine Rückmeldung zum Übungsfortschritt durch die Lesegruppe.

Doch was hat es mit dem „Lesetheater" eigentlich auf sich? Als „Lesetheater" werden Texte bzw. Geschichten bezeichnet, die mit verteilten Leserollen gestaltend vorgelesen werden. Leseflüssigkeit, deutliche Artikulation und die sprachliche Gestaltung sind dabei zentral. Mimik und Gestik sind dagegen untergeordnet. Abhängig vom jeweiligen „Stück" gibt es unterschiedlich viele Rollen.

Als Unterrichtsmethode können die Lesetheaterstücke in diesem Heft zur Differenzierung in den Leseübungsphasen bei unterschiedlich starken Kindern und bei heterogenen Leistungen der Lesekinder einer Klasse eingesetzt werden. Mögliche Differenzierungsansätze können dabei sein:

- Jedes Kind einer Lesegruppe bereitet sich mithilfe der Übungswörter auf der rechten Seite auf das Lesen der Geschichte vor. (Die Wörter wurden nach phonetischen und artikulatorischen Kriterien ausgewählt.) Dann folgt das Üben der eigenen Leserolle. Ihre individuellen Stolperwörter schreiben die Kinder auf die dafür vorgesehenen Linien. Je nach Leistungsstand wird die Auswahl der Leserolle(n) entweder von Ihnen als Lehrkraft oder von den Kindern selbst getroffen.

- Zunächst leistungshomogene Lesetandems üben die Lesewörter und dann die Dialoge aus dem Lesetheater als Vorbereitung auf das ganze Lesetheaterstück.
  Ein paar Vorschläge dazu: Seite 8: Lulu und Lotter, Seite 18: die Ameise und Walli, Seite 30: Ole und die Ameise, Seite 32: Ole und die Ameise, Seite 38: Ole und Lotter, Seite 46: Lulu und Lotter.

- Murmelndes Mitlesen mit der Erzählstimme oder beim Lesen der Verse in den Lesetheatergeschichten ist eine zusätzliche Übungsmöglichkeit für leseschwache Kinder.

- Sehr guten Lesekindern kann diskret eine schwierige Rolle zugeteilt werden. Die Herausforderung kann dabei im Wortschatz und in der Gestaltung der Leserolle liegen.
  Ein paar Vorschläge dazu: Seite 8: Raspelrosi, Seite 14: Ole, Seite 16: Erzählstimme, Seite 20: Erzählstimme, Seite 24: Walli, Seite 26: Ole, Seite 30: Ole, Seite 34: Ole, Seite 36: Raspelrosi, Seite 44: Walli, Seite 52: Lotter.

Reizvoll ist ein Transfer des Lesetheaters in neue visuelle und akustische Medien, zum Beispiel bei Videoaufnahmen mit dem Smartphone oder Tablet. Allerdings sollten zunächst die Leserollen geübt und sicher beherrscht werden.
Für die Begleitung der Leserollen mit Geräuschen haben die Kinder bestimmt gute Ideen. Anregungen dazu finden Sie auch auf den Seiten 54 und 55.

Ein Impuls für den unterrichtlichen Einstieg in eine Lesetheatergeschichte

Phase 1 Sie wählen eine Geschichte aus. Danach erhalten die Lesekinder die Doppelseite mit der Lesetheatergeschichte. Zunächst wird das Bild betrachtet: Inhaltliches Erfassen mit Vermutungen und Diskussionen zum Dargestellten folgen. Fragen können dabei sein: Sind Gefühle an den Figuren ablesbar? Können wir diese Gefühle über die Lesestimmen hören? Wo ist die Erkennungsmarke der Figur? (Die Erkennungsmarken sind die Kreise mit den Kürzeln der im Stück jeweils vorkommenden Figuren.)

Phase 2 Wie viele solcher Marken gibt es im Bild? Wo sind diese im Lesetheatertext? Die Kinder wählen jeweils eine Figur aus und malen den entsprechenden Kreis in ihrer Lieblingsfarbe an. (Hier ist es auch möglich, dass die Lehrkraft die Rollen zuweist.) Am Rand des Theaterstücks befinden sich ebenfalls Kreise mit den Kürzeln der Sprechrollen. Auch diese Kreise werden in der ausgewählten Farbe ausgemalt. Die verwendeten Farben sollten sich hinreichend voneinander unterscheiden. Auf diese Weise sehen die Kinder sofort, wann sie an der Reihe sind.

Phase 3 Die Kinder prüfen, ob sie alle Wörter in ihren markierten Zeilen lesen können. Beispiele werden vorgelesen. Jedes Kind kann dann die Wörter, die für es schwierig sind, auf der rechten Seite unten auf die Linien schreiben und üben.

Phase 4 Zwei Lesekinder lesen eine Dialogstelle vor.

Phase 5 Die Lesetheatergeschichte wird in Kleingruppen geübt und dann der Klasse vorgelesen. Dabei werden die Kriterien der Checkliste (Seite 56) besprochen.

Phase 6 Die Lesekinder wählen für ihre Gruppe weitere Geschichten aus und üben diese. Ideen zur Gestaltung mit Geräuschen werden umgesetzt.

Das vorhandene Material und die Impulse zum Lesetheater werden Sie sicher zu weiteren Übungsmöglichkeiten für die Lesekinder anregen.
Dazu wünsche ich Ihnen viel Spaß und Erfolg!

Pia Kucera

Einführung der Lesefiguren

Wir sind Willi und Walli.

Wir wohnen unter dem alten Tisch im Garten. Im Winter ziehen wir in die Scheune beim Garten. Dort ist es auf dem Sofa gemütlich und alle unsere Freunde kommen im Winter mit dorthin. Im Lesetheater erkennst du uns an diesen Zeichen: (Wi) (Wa)

Wir sind Ole und die Ameise.

Mit Willi und Walli wohnen wir im Garten. Wir sind Freunde. Ich, Ole, wohne oft mit der Ameise zusammen in meinem Oleloch. Das Oleloch ist nicht weit vom Gartentisch. Du siehst es sofort. Dort liegen viele Körner und Samen. Das ist unser Naschvorrat. Im Lesetheater erkennst du uns an diesen Zeichen: (Ol) (Am)

Wir sind Lulu und Lotter.

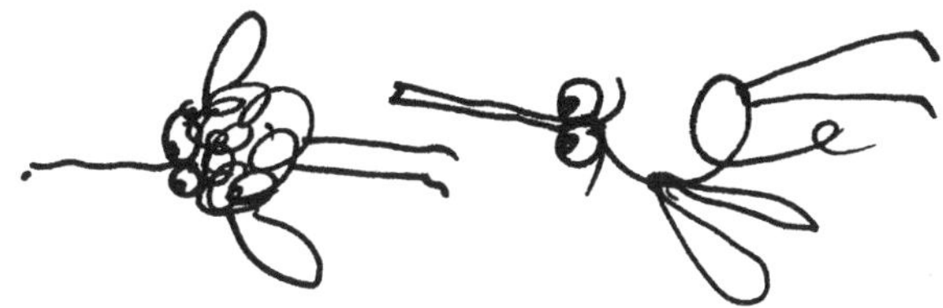

Nicht weit vom Garten sind das Schulhaus und ein Baum. Es ist ein alter Schulhofbaum. Er ist unser Zuhause. Vom Baum aus sehen wir in den Schulhof, ins Schulhaus und in den Schulgarten. Oft fliegen wir in den Garten zu Willi, Walli, Ole und der Ameise. Das ist nur drei Sekunden weit weg. Im Lesetheater erkennst du uns an diesen Zeichen: (Lu) (Lo)

Ich bin die Raspelrosi.

Lulu und Lotter kennen mich seit den Ferien. Inzwischen bin ich aber auch oft im Garten bei den anderen. Bisher wohne ich überall dort, wo es etwas zu raspeln gibt. Ich habe im Lesetheater dieses Zeichen: (Ra)

Wir alle benötigen für unser Lesetheater eine Erzählstimme. Das Zeichen für die Erzählstimme ist: (Ez)

Illustrationen: © Pia Kucera

Die Raspelrosi

Lu Lotter, was ist dort unten auf dem Schulhof los?

Lo Wo? Aha, dort! Wer hat dort geraspelt?

Lu Dort sind geraspelte Bananenschalen und Apfelschalen.

Lo Ein Schokoraspelhaufen ist an der Schulhaustür.

Ez Lulu und Lotter sind im Baum auf dem Schulhof.
Der ist ihr Zuhause.

Lo Wir sehen mal unten nach. Eins, zwei, drei – Abflug!

Ra Hallo, ich bin Raspelrosi. In den Schulferien rasple ich hier gerne. Wer seid ihr?

Lu Wir sind Lulu und Lotter, Zweibeininsekten.
Für wen sind die Raspelhaufen?

Ra Nicht für mich. Ich rasple nur gerne. Ich mag keine Raspelhaufen naschen. Die sind nun für euch.

Lo Ich bin dabei!

Lu Ich bin auch dabei!

Ez Raspelrosi raspelt viel.
Nur das Raspeln ist ihr Ziel.

Wer möchtest du sein? Male den Kreis bei deiner Figur in deiner Farbe aus.
Neben dem Lesetext sind auch Kreise. Male auch dort deine Kreise in deiner Farbe aus.

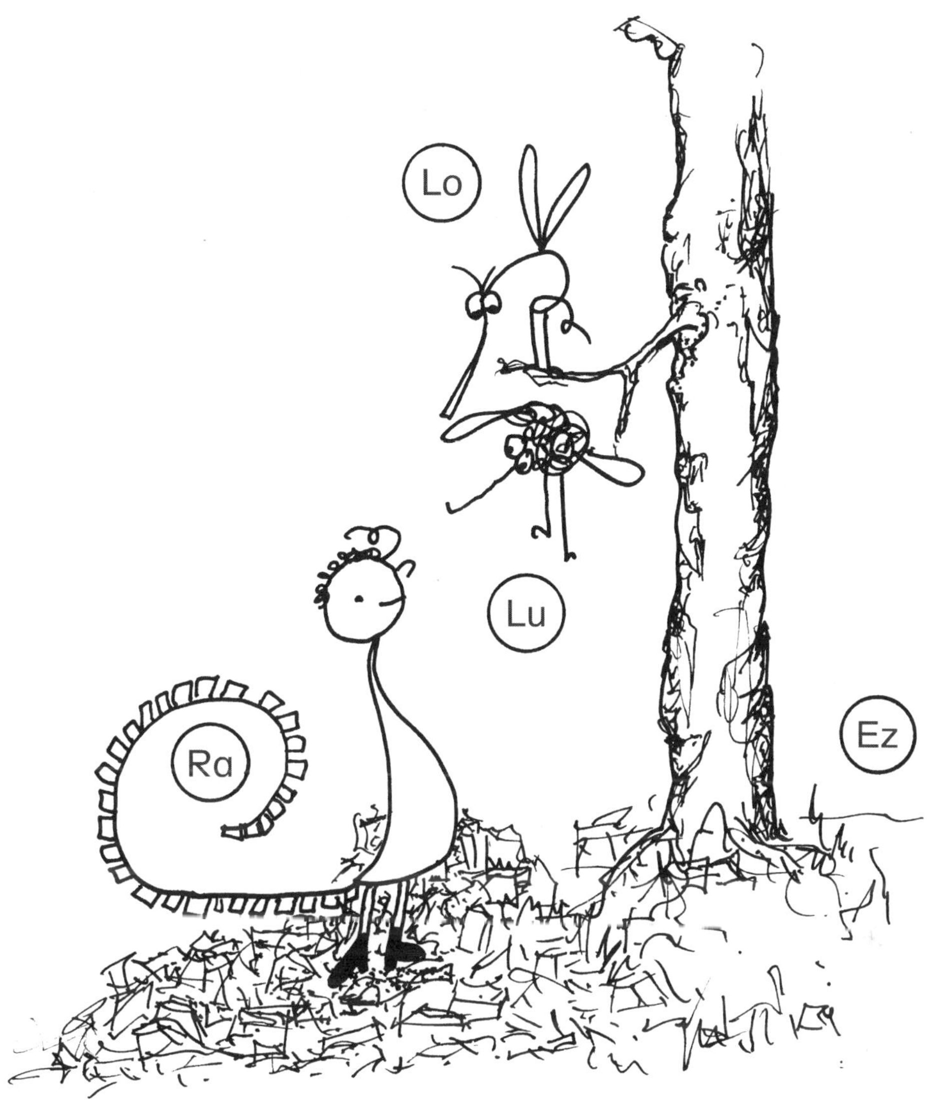

Lies diese Wörter zuerst für dich allein. Du kannst sie silbenlesen oder murmeln.
Dann bildet ihr Tandems. Im Wechsel lest ihr euch die Wörter laut und fehlerfrei vor.

Raspelrosi, geraspelt, Schokoraspelhaufen, Zuhause,
Zweibeininsekten, naschen, viel

Deine Stolperwörter aus deiner Leserolle schreibst du hier auf die Linien.
Übe sie für dich allein.

Illustration: © Pia Kucera

Das Zuhause

(Wi) Walli, wo ist unser Zuhause?

(Wa) Nun, hier auf der Wiese hinter dem Zaun, unter dem Tisch und in der Scheune.

(Ol) Und beim Oleloch! Das Oleloch ist mein Zuhause. Nur meins.

(Wi) Dein Oleloch ist aber auch in unserem Zuhause.

(Ol) Na ja. Die Kerne im Eimer beim Oleloch sind aber meine, nur meine!

(Wa) Ist ja gut. Die Kerne und Samen sind nur für dich.

(Am) Und wo ist dann mein Zuhause?

(Wi) Überall bei uns.

(Ez) Die Ameise ist begeistert und saust über die Wiese, über das Oleloch, unter den Tisch und über den Tisch.

(Am) Alles meins, alles meins
und ich dacht', ich hätte keins!

Wer möchtest du sein? Male den Kreis bei deiner Figur in deiner Farbe aus.
Neben dem Lesetext sind auch Kreise. Male auch dort deine Kreise in deiner Farbe aus.

Lies diese Wörter zuerst für dich allein. Du kannst sie silbenlesen oder murmeln.
Dann bildet ihr Tandems. Im Wechsel lest ihr euch die Wörter laut und fehlerfrei vor.

Zuhause, meins, überall, begeistert, alles meins

Deine Stolperwörter aus deiner Leserolle schreibst du hier auf die Linien.
Übe sie für dich allein.

Illustration: © Pia Kucera

Reimen und dichten

Wa Lulu, Ameise, was macht ihr hier auf der Wiese?

Lu Wir reimen.

Wa Wozu?

Am Nur so.

Wa Ich reime mit: Maus – Haus, Loch – doch.

Lu Das war aber einfach. Meine Reime gehen so:
Mofa – Sofa, Wut – Mut.

Am Nun bin ich dran: Ameise – leise, Rauch – Bauch.

Alle Wir sind super. Nun dichten wir ein Gedicht:

Ein Mofa rast auf dem Sofa.
Doch ein Übel gibt es noch.
Denn das Sofa hat ein Loch.

Raspelrosi saust mit Wut
über Leim, das tut nicht gut.

Ez Raspelrosi hat das gehört. Sie ist sauer.

Ra Das geht anders:

Raspelrosi saust mit Mut
über Eis, das tut ihr gut.

Alle Und dann Raspeleis für alle! Das ist die Idee!

Wer möchtest du sein? Male den Kreis bei deiner Figur in deiner Farbe aus.
Neben dem Lesetext sind auch Kreise. Male auch dort deine Kreise in deiner Farbe aus.

Lies diese Wörter zuerst für dich allein. Du kannst sie silbenlesen oder murmeln.
Dann bildet ihr Tandems. Im Wechsel lest ihr euch die Wörter laut und fehlerfrei vor.

dichten, Reime, super, Gedicht, Raspeleis, Idee

Deine Stolperwörter aus deiner Leserolle schreibst du hier auf die Linien.
Übe sie für dich allein.

Illustration: © Pia Kucera

Der Rabe

(Ol) Alle hierher, sofort!

(Wa) Nanu, Ole, du bist so streng. Was ist los?

(Ol) Der Rabe sitzt fest und bewegt sich nicht.

(Wi) Der Rabe, der deinen Käse klaut?

(Ol) Ja. Egal. Alle hierher!

(Ez) Der Rabe sitzt im Holzzaun fest. Er hat seinen Schnabel wie einen Keil in das Holz getrieben.

(Am) War da eine Raupe im Holz?

(Ol) Der Rabe schnaubt. Er ist am Leben!
Rabe, keine Panik. Wir sind da.
Wo ist Raspelrosi? Her mit ihr!

(Ra) Ich darf raspeln! Wo? Aha. Eine Scheibe um den Rabenschnabel. Mache ich.
Rabe, nicht zappeln, stillhalten!

Alle Die Scheibe wird nun eingeseift,
vom Rabenschnabel abgestreift.

Wer möchtest du sein? Male den Kreis bei deiner Figur in deiner Farbe aus.
Neben dem Lesetext sind auch Kreise. Male auch dort deine Kreise in deiner Farbe aus.

Lies diese Wörter zuerst für dich allein. Du kannst sie silbenlesen oder murmeln.
Dann bildet ihr Tandems. Im Wechsel lest ihr euch die Wörter laut und fehlerfrei vor.

streng, Schnabel, schnaubt, Panik, Scheibe, eingeseift, abgestreift

Deine Stolperwörter aus deiner Leserolle schreibst du hier auf die Linien.
Übe sie für dich allein.

Illustration: © Pia Kucera

Walli dichtet

(Ez) Im Sommer ist selten jemand auf dem Sofa in der Scheune. Manchmal ist es die beleidigte Ameise und manchmal Walli. Walli dichtet auf dem Sofa.

(Wa) Ich bin nun in der Scheune. Ich dichte.

(Ez) Walli ist weg und Raspelrosi ist am Zaun.

(Ra) Wo ist Walli?

(Am) Sie dichtet auf dem Sofa in der Scheune.

(Ra) Wo?! Na so was! Es ist doch nicht Winter!
Ich gehe zu ihr.

(Ez) Raspelrosi ist nun in der Scheune.

(Ra) Hallo, Walli! Sind das Polster oder Beutel auf dem Sofa? Mal nachsehen!

(Ez) Raspelrosi raspelt los.

(Wa) O nein! Aufhören! Im Polster sind Daunen!

Alle Wallis Dichten ist vergangen.
Alle müssen Daunen fangen.

Wer möchtest du sein? Male den Kreis bei deiner Figur in deiner Farbe aus.
Neben dem Lesetext sind auch Kreise. Male auch dort deine Kreise in deiner Farbe aus.

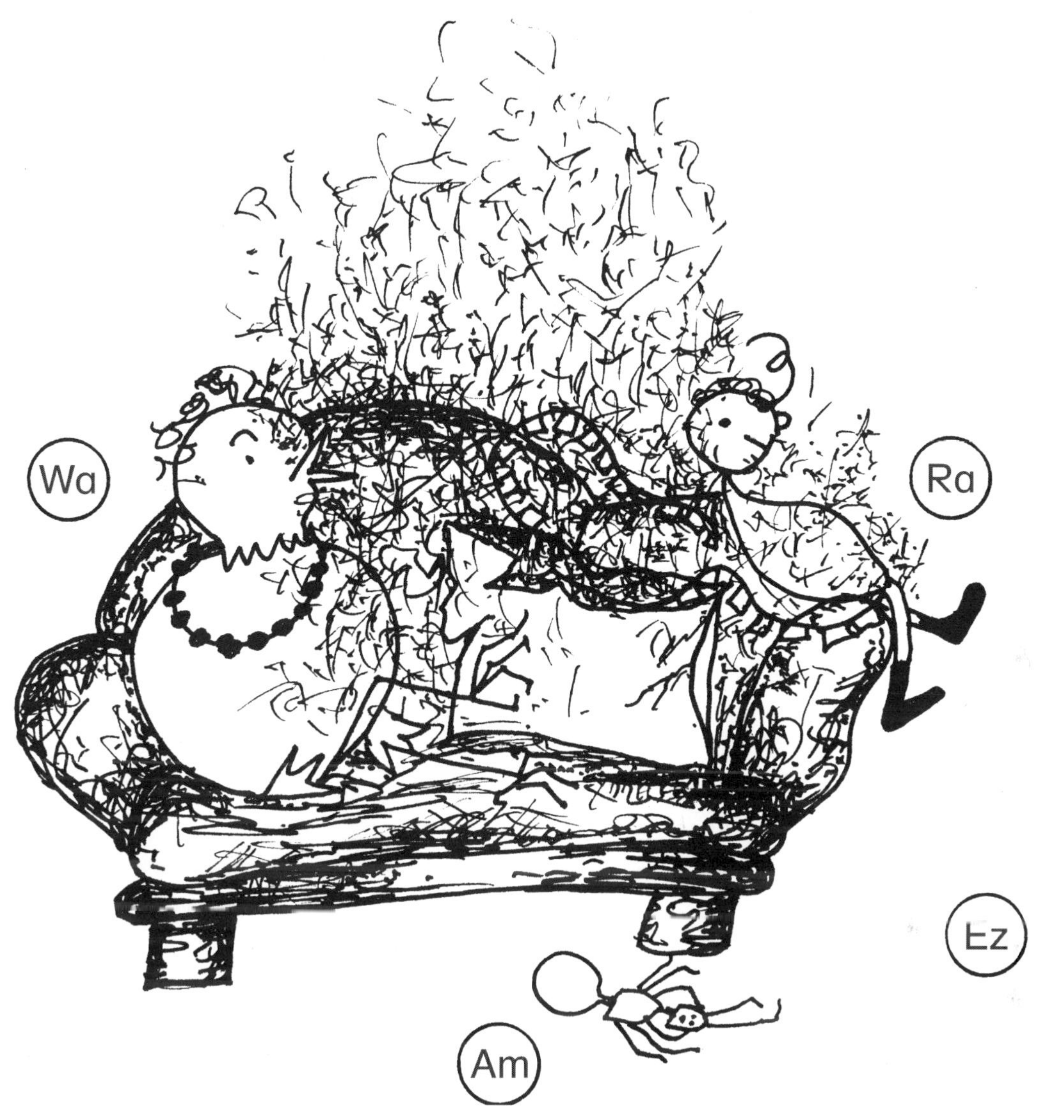

Lies diese Wörter zuerst für dich allein. Du kannst sie silbenlesen oder murmeln.
Dann bildet ihr Tandems. Im Wechsel lest ihr euch die Wörter laut und fehlerfrei vor.

Sommer, selten, jemand, manchmal, beleidigt, Polster, Beutel, Daunen

Deine Stolperwörter aus deiner Leserolle schreibst du hier auf die Linien.
Übe sie für dich allein.

Illustration: © Pia Kucera

Die Schokofotosafari

(Am) Ole, Ole, wo bist du?

(Wa) Ole ist mit dem Eimer voller Schokolade, den Kernen und mit Raspelrosi beim Zaun.

(Am) Was macht er beim Zaun?

(Wa) Ole ist mit Raspelrosi auf einer Fotosafari.

(Am) Und was ist das, eine Fotosafari? Ist das lustig?

(Wa) Man macht feine Fotos.

(Am) Ich bin dabei. Ole! Ole! Raspelrosi!

(Ra) Hier sind wir! Nun bist du auch dabei. Das ist gut.

(Ol) Raspelrosi raspelt Schokoraspeln aus dem Eimer in die Wiese. Ameise, das ist deine Aufgabe: Tanzen im Schokoraspelregen. Ich mache nun feine Fotos.

(Am) Und nach dem Tanz sind alle Schokoraspeln für mich? Das ist eine gute Aufgabe.
Ich mache mit.

Alle Ameisentanz im Schokoregen.
Auf Fotos wirkt das sehr verwegen.

Wer möchtest du sein? Male den Kreis bei deiner Figur in deiner Farbe aus.
Neben dem Lesetext sind auch Kreise. Male auch dort deine Kreise in deiner Farbe aus.

Lies diese Wörter zuerst für dich allein. Du kannst sie silbenlesen oder murmeln.
Dann bildet ihr Tandems. Im Wechsel lest ihr euch die Wörter laut und fehlerfrei vor.

Schokofotosafari, Schokoraspeln, Schokoraspelregen, Tanz, verwegen

Deine Stolperwörter aus deiner Leserolle schreibst du hier auf die Linien.
Übe sie für dich allein.

Illustration: © Pia Kucera

Raspelrosi in Not

(Ol) Raspelrosi ist seit zwei Tagen weg.
Das ist nicht gut. Wir suchen sie.

Alle Raspelrooosiii! Raspelrooosiii!

(Wi) Pst, ich höre etwas hinter der Scheune.

(Ez) Die Ameise saust los. Dann berichtet sie:

(Am) Raspelrosi liegt im Gras. Sie weint und weint.
Auf ihren Raspeln ist Rost.

(Wi) Kein Problem, wir reparieren das.
Ole, hole die Feile!

(Ez) Sie tragen Raspelrosi auf den Tisch. Ole und die Ameise halten Raspelrosi fest. Willi und Walli feilen den Rost von den Raspeln.

(Ol) Da ist noch feines Öl.
Damit reiben wir die Raspeln ein.

Alle Raspelrosi eingeölt und abgefeilt,
gleich zum Gurkenraspeln eilt.

Wer möchtest du sein? Male den Kreis bei deiner Figur in deiner Farbe aus.
Neben dem Lesetext sind auch Kreise. Male auch dort deine Kreise in deiner Farbe aus.

Lies diese Wörter zuerst für dich allein. Du kannst sie silbenlesen oder murmeln.
Dann bildet ihr Tandems. Im Wechsel lest ihr euch die Wörter laut und fehlerfrei vor.

Rost, Problem, reparieren, Feile, Öl, eingeölt, abgefeilt

Deine Stolperwörter aus deiner Leserolle schreibst du hier auf die Linien.
Übe sie für dich allein.

Illustration: © Pia Kucera

Auf dem Zaun

(Am) Da, daaaa, auf dem Zaun!

(Wi) Was ist nun schon wieder los?

(Am) Lulu und Lotter tanzen.

(Ra) Wo?

(Am) Daaaaaa! Ist das ein Zweibeinertanz? So tanzen nur Zweibeiner. Ich nicht. Man wird schnell müde.

(Ra) Das ist ein Zweibeinertanz. So tanze ich auch nicht. Man wird auch schnell atemlos.

(Ez) Lulu und Lotter machen eine Pause. Alle klatschen.

(Lu) Wir brauchen eine Melodie, wir brauchen Töne.

(Lo) Radau und Takt sind sehr gut. Geraspel ist sehr gut.

(Ol) Meine Körner aus dem Eimer machen Taktradau.

(Wi) Meine Holzlöffel schlagen auf Oles Eimer den Takt.

Alle Einschlag, Zweischlag und Radau,
Lulu tanzt die Superschau.

Wer möchtest du sein? Male den Kreis bei deiner Figur in deiner Farbe aus.
Neben dem Lesetext sind auch Kreise. Male auch dort deine Kreise in deiner Farbe aus.

Lies diese Wörter zuerst für dich allein. Du kannst sie silbenlesen oder murmeln.
Dann bildet ihr Tandems. Im Wechsel lest ihr euch die Wörter laut und fehlerfrei vor.

tanzen, Zweibeinertanz, müde, atemlos, Pause, klatschen, Melodie, Taktradau, Holzlöffel

Deine Stolperwörter aus deiner Leserolle schreibst du hier auf die Linien.
Übe sie für dich allein.

Illustration: © Pia Kucera

Die Nachtschule

(Ez) Es ist Nacht. Die Freunde liegen müde unter dem Tisch.

(Wa) Heute ist das Wörterfinden in der Nacht.

(Wi) Warum?

(Wa) Weil heute unter dem Tisch Nachtschule ist.

(Lu) Ha, es sind Schulferien und man geht nachts nicht in die Schule.

(Lo) Und was sind die Schulregeln in der Nachtschule?

(Wa) Ich denke nach. Also: Wem meine Laterne ins Gesicht leuchtet, der sagt die Wörter.

(Ol) Ich bin weg. Ich bin im Oleloch. Gute Nacht.

(Ez) Lulu wird mit der Laterne beleuchtet.

(Wa) Drei Wörter mit Z.

(Lu) Zwiebel, Zimt, Zaun.

(Ez) Willi wird mit der Laterne beleuchtet.

(Wa) Williii! Noch drei Wörter mit Z.

(Wi) Sch..., Sch...af, Schl...af.

(Ez) Alle schlafen und Walli löscht die Kerze in der Laterne.

Wer möchtest du sein? Male den Kreis bei deiner Figur in deiner Farbe aus.
Neben dem Lesetext sind auch Kreise. Male auch dort deine Kreise in deiner Farbe aus.

Lies diese Wörter zuerst für dich allein. Du kannst sie silbenlesen oder murmeln.
Dann bildet ihr Tandems. Im Wechsel lest ihr euch die Wörter laut und fehlerfrei vor.

Nachtschule, nachts, Schule, Schulregeln, Laterne, beleuchtet, Kerze

Deine Stolperwörter aus deiner Leserolle schreibst du hier auf die Linien.
Übe sie für dich allein.

Illustration: © Pia Kucera

Der Geburtstag

(Lu) In der Klasse 1 feiern sie.
Zwei Kinder haben heute Geburtstag.

(Ol) Na und? Das ist bei den Menschen halt so.

(Lu) Wir feiern nie Geburtstag. Das ist ungerecht.

(Ol) Was hat man von einem Geburtstag?

(Lu) Man wird gefeiert und es gibt Kuchen.

(Ol) Oha! Dann bin ich auch fürs Geburtstagefeiern.

(Lu) Alle hierher! Wir feiern Geburtstag.

(Wi) Geburtstag von wem?

(Ol) Hm. Wir müssen nachdenken. Das ist noch nicht ganz klar. Jedenfalls gibt es zum Geburtstag Kuchen.

(Ra) Man kann ja schon mal den Geburtstagskuchen raspeln und dann entscheiden, wer Geburtstag hat.

(Wa) Also wir holen den Kuchen, Raspelrosi raspelt den Geburtstagskuchen. Wir naschen und feiern dabei Geburtstag.

(Ol) Den ersten und zweiten Geburtstag habe ich!

Wer möchtest du sein? Male den Kreis bei deiner Figur in deiner Farbe aus.
Neben dem Lesetext sind auch Kreise. Male auch dort deine Kreise in deiner Farbe aus.

Lies diese Wörter zuerst für dich allein. Du kannst sie silbenlesen oder murmeln.
Dann bildet ihr Tandems. Im Wechsel lest ihr euch die Wörter laut und fehlerfrei vor.

Geburtstag, ungerecht, nachdenken, jedenfalls, entscheiden

Deine Stolperwörter aus deiner Leserolle schreibst du hier auf die Linien.
Übe sie für dich allein.

Illustration: © Pia Kucera

Der feine Geruch

Lu Hier ist ein feiner Geruch.

Lo Ist das ein Geruch vom Baum?

Lu Ich glaube nicht.

Am Ich glaube doch.

Lu Gut, ich fliege auf den Baum.

Am Ich rase auch hinauf.

Lo Halt! Ich fliege mit!

Alle Ein Käsebaum! Ist das ein Traum?

Ez Ole taucht aus seinem Oleloch auf.

Ol Ist was los? Rabe, hau ab!
Das ist mein Käse!

Ez Lotter landet neben einer Käsekugel beim Oleloch.

Lo Ist das dein Käse oben am Ast?

Ol Nun, der Rabe hat ihn mir aus dieser Käsekugel geklaut. Aber es ist noch Käse in meiner Käsekugel.

Alle Das ist super, das ist fein,
lade uns zum Käse ein!

Wer möchtest du sein? Male den Kreis bei deiner Figur in deiner Farbe aus.
Neben dem Lesetext sind auch Kreise. Male auch dort deine Kreise in deiner Farbe aus.

Lies diese Wörter zuerst für dich allein. Du kannst sie silbenlesen oder murmeln.
Dann bildet ihr Tandems. Im Wechsel lest ihr euch die Wörter laut und fehlerfrei vor.

Geruch, Traum, Rabe, Käse, Käsekugel, geklaut

Deine Stolperwörter aus deiner Leserolle schreibst du hier auf die Linien.
Übe sie für dich allein.

Illustration: © Pia Kucera

Käse am Oleloch

(Ol) Ich habe Käse und doch keinen Käse.

(Am) Wie das, wieso, warum?

(Ol) Die Geschichte geht so: Ich bin beim Käsestand. Eine Käsekugel rollt unter den Tisch und zu mir. Ich rolle die Käsekugel zum Oleloch in der Wiese.

(Am) Sehr gut. Nun hast du doch Käse in deiner Käsekugel.

(Lo) Wo ist das Problem?

(Ol) Nun, der Rabe hat sich ein Loch durch die harte Käsekugelrinde gepickt und raubt Käsestücke heraus. Ich komme nicht durch die harte Rinde an den Käse.

(Lu) Da hilft die Raspelrosi weiter.

Alle Ras-pel-rooo-siii!

(Ez) Die Raspelrosi ist Lulus Freundin. Raspelrosi rast herbei und raspelt an der Käserinde entlang. Käserinde und der feine Käse sausen durch die Luft.

(Ol) Alles super, alles fein!
Nun lad' ich euch zum Käse ein!

Wer möchtest du sein? Male den Kreis bei deiner Figur in deiner Farbe aus.
Neben dem Lesetext sind auch Kreise. Male auch dort deine Kreise in deiner Farbe aus.

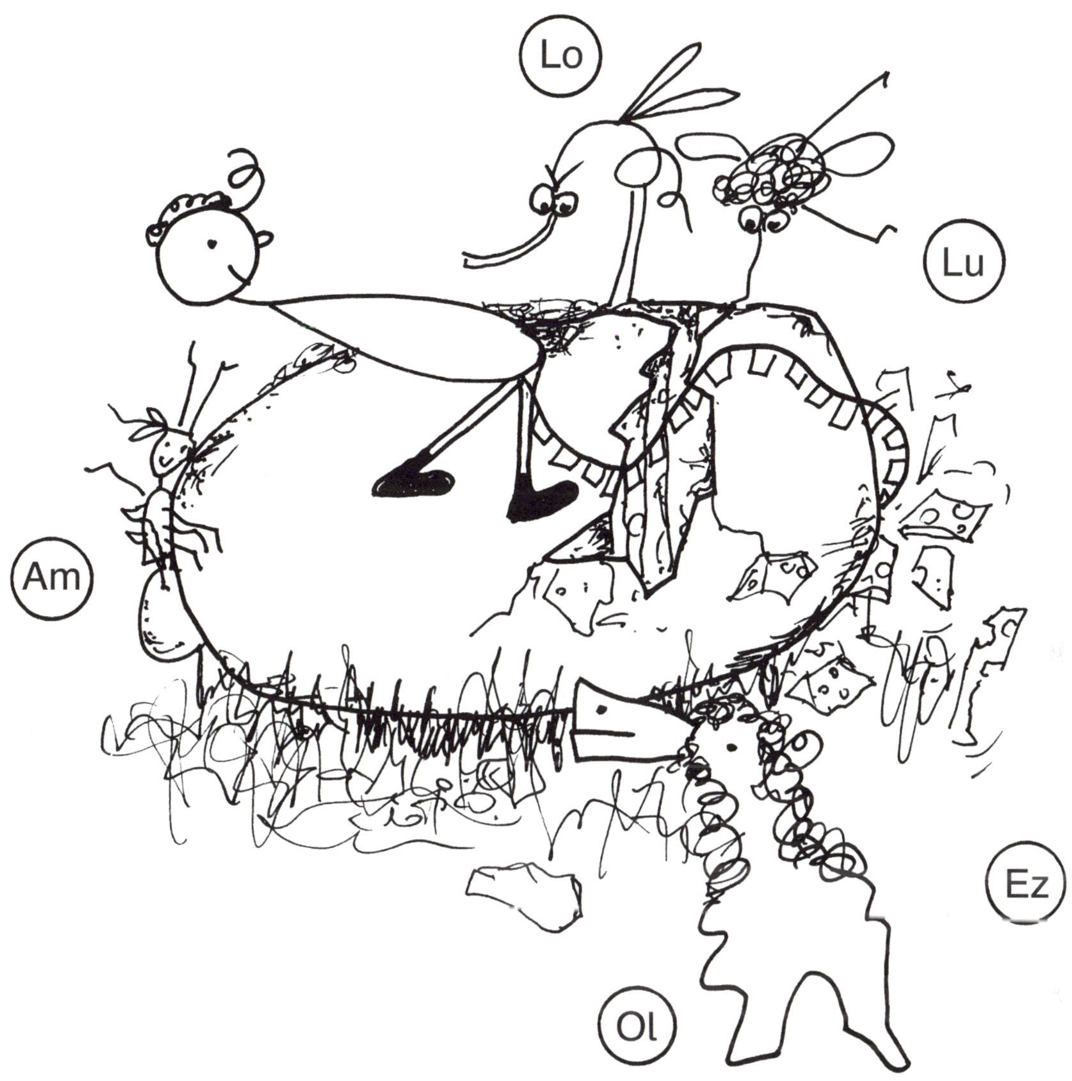

Lies diese Wörter zuerst für dich allein. Du kannst sie silbenlesen oder murmeln.
Dann bildet ihr Tandems. Im Wechsel lest ihr euch die Wörter laut und fehlerfrei vor.

Geschichte, Käsestand, Problem, Käsekugelrinde, gepickt, Luft

Deine Stolperwörter aus deiner Leserolle schreibst du hier auf die Linien.
Übe sie für dich allein.

Illustration: © Pia Kucera

Salate mischen

Ol Mein Bauch hat ein Loch.

Am Ein Loch? O weh! Ich rufe Walli.

Ol Keine Panik. Es geht schon. Das Loch braucht nur Schokolade.

Am Nur Schokolade? Willi ist heute der Koch. Er mischt für uns feine Salate. Die heilen das Loch im Bauch.

Ez Willi und Raspelrosi mischen die Salate.

Wi Ich nehme eine Banane, eine Zitrone und eine Aprikose. Raspelrosi, du raspelst die Salami.

Ra Gut. Ich rasple noch Tofu zur Salami, das ist fein.

Wi Halt! Das ist die Seife!

Ra Ist schon geraspelt. Sie liegt nun geraspelt bei den Salamiraspeln.

Ol Was ist das? Bäh! Wer mag so etwas?

Ez Alle beraten, naschen Bananensalat und fischen dann Salamiraspeln aus den Seifenraspeln.

Alle Wie soll das denn gehen?

Wer möchtest du sein? Male den Kreis bei deiner Figur in deiner Farbe aus.
Neben dem Lesetext sind auch Kreise. Male auch dort deine Kreise in deiner Farbe aus.

Lies diese Wörter zuerst für dich allein. Du kannst sie silbenlesen oder murmeln.
Dann bildet ihr Tandems. Im Wechsel lest ihr euch die Wörter laut und fehlerfrei vor.

Bauch, Panik, Tofu, Salamiraspeln, Seifenraspeln

Deine Stolperwörter aus deiner Leserolle schreibst du hier auf die Linien.
Übe sie für dich allein.

Illustration: © Pia Kucera

Der Besuch

(Am) Dort fliegen sie!

(Ol) Wer?

(Am) Lulu und Lotter!

(Wi) Sie fliegen nicht hoch.
Sie sind beladen.

(Wa) Nun ja, düsen geht anders.

(Ol) Da sind Krümel in der Luft.
Wau, Lulu und Lotter tragen Kuchen durch die Luft.

(Wi) Achtung: Kirsche von oben!

(Ez) Lulu und Lotter landen mit dem Kuchen auf dem Tisch.
Alle staunen und klatschen.

(Lu) Der Kuchen ist vom Schulfest.

(Lo) Der Kuchen ist fein. Es sind Schokolade
und Kirschen im Kuchen.

(Ol) Die Kirschkerne sind für mich. Hier in den Eimer
zu meinen Samen und Kernen.

(Ez) Das Finale ist nun Kernespucken in den Oleeimer.

Wer möchtest du sein? Male den Kreis bei deiner Figur in deiner Farbe aus.
Neben dem Lesetext sind auch Kreise. Male auch dort deine Kreise in deiner Farbe aus.

Lies diese Wörter zuerst für dich allein. Du kannst sie silbenlesen oder murmeln.
Dann bildet ihr Tandems. Im Wechsel lest ihr euch die Wörter laut und fehlerfrei vor.

fliegen, Krümel, Luft, Kirsche, klatschen, Kernespucken, Oleeimer

Deine Stolperwörter aus deiner Leserolle schreibst du hier auf die Linien.
Übe sie für dich allein.

Illustration: © Pia Kucera

Der Raspelsaft

(Ra) Wo kann ich raspeln?
Was kann ich raspeln?
Ich muss mal raspeln!

(Wi) Hier hast du einen Apfel. Er hat viel Saft.
Er liegt im Eimer.

(Ol) Dieser Eimer hat doch ein Loch.

(Wi) Genau das ist es! Der Raspelsaft kann
durch das Loch fließen.

(Ez) So ist es. Raspelrosi raspelt und Willi schiebt
ein Glas für den Saft unter den Eimer.

(Ra) Fertig! Ich möchte noch Birnen raspeln.

(Am) Birnen sind gut. Wir mischen Apfelsaft und Birnensaft.

(Ol) Her mit den Birnen! Alles zu Raspelrosi in den Eimer!

(Ra) Fertig! Ich möchte noch Zwiebeln raspeln.

(Am) Zwiebeln sind nicht gut. Sollen wir alle weinen?

(Ol) Das darf nicht sein.
Zwiebelraspeln: Nein!

Wer möchtest du sein? Male den Kreis bei deiner Figur in deiner Farbe aus.
Neben dem Lesetext sind auch Kreise. Male auch dort deine Kreise in deiner Farbe aus.

Lies diese Wörter zuerst für dich allein. Du kannst sie silbenlesen oder murmeln.
Dann bildet ihr Tandems. Im Wechsel lest ihr euch die Wörter laut und fehlerfrei vor.

viel, Raspelsaft, fließen, Saft, Birnen, Zwiebeln, weinen

Deine Stolperwörter aus deiner Leserolle schreibst du hier auf die Linien.
Übe sie für dich allein.

Illustration: © Pia Kucera

Schokokringel – Die Versuchung

Ez Ole und Lotter mögen Schokokringel.
Auch die Kinder mögen Schokokringel mit Milch.

Ol Sie sind da! Sie sind da!

Lo Wer ist da?

Ol Die Schokokringel!

Lo Wo?

Ol Auf dem Tisch in der Schulmensa. Sie sind in der Müslischale und noch ohne Milch.

Lo Na, dann mal los, ab auf den Tisch!

Ez Ole schiebt fünf Kringel auf Lotters Rüssel.

Ol Eins, zwei, drei, vier, fünf und Abflug.

Lo Zu schwer!

Ol Ich nasche einen Kringel auf deinem Rüssel weg.

Lo Aua! Nein! Nicht! Nicht beißen!

Ol Lulu, Ameise, Willi, Walli – alle kommen, ziehen!

Alle Eins, zwei, flutsch,
Schokokringel rutsch!

Wer möchtest du sein? Male den Kreis bei deiner Figur in deiner Farbe aus.
Neben dem Lesetext sind auch Kreise. Male auch dort deine Kreise in deiner Farbe aus.

Lies diese Wörter zuerst für dich allein. Du kannst sie silbenlesen oder murmeln.
Dann bildet ihr Tandems. Im Wechsel lest ihr euch die Wörter laut und fehlerfrei vor.

Schokokringel, Versuchung, Milch, Müslischale, Kringel, Rüssel, beißen, ziehen, flutsch, rutsch

Deine Stolperwörter aus deiner Leserolle schreibst du hier auf die Linien.
Übe sie für dich allein.

____

____

Illustration: © Pia Kucera

Schokokringel – Die Rettung

Ez Fünf Schokokringel stecken auf Lotters Rüssel fest.

Alle Eins, zwei, flutsch,
Schokokringel rutsch!

Ez Wie soll das gehen? Alle ziehen.
Lotters Rüssel ist nun rot und dick.

Ol Ziehen hilft nicht. Ich stampfe auf die Kringel.
Das gibt Krümel.

Lo Nein, nein, tu das nicht!

Wa Raspelrosi! Sie kann das. Ich hole Raspelrosi.

Ez Walli rast zu Raspelrosi und zieht sie auf den Tisch.

Ra Ich mache so etwas oft. Kein Problem.

Ol Pssst, leise raspeln, zart raspeln.

Ra Soll ich oder soll ich nicht?

Ez Das Finale auf dem Tisch in der Schulmensa geht so:
Die Schokokringel sind geraspelt, alle naschen.
Ole nascht für Lotter mit. Gleich ist es Zeit, vom Tisch zu verschwinden. Die Kinder kommen in die Mensa.

Wer möchtest du sein? Male den Kreis bei deiner Figur in deiner Farbe aus.
Neben dem Lesetext sind auch Kreise. Male auch dort deine Kreise in deiner Farbe aus.

Lies diese Wörter zuerst für dich allein. Du kannst sie silbenlesen oder murmeln.
Dann bildet ihr Tandems. Im Wechsel lest ihr euch die Wörter laut und fehlerfrei vor.

Schokokringel, Rettung, flutsch, ich stampfe, Krümel, Problem, verschwinden

Deine Stolperwörter aus deiner Leserolle schreibst du hier auf die Linien.
Übe sie für dich allein.

Der Ameisenmut

(Am) Ich habe Mut, ich wage das.

(Ol) Was ist das?

(Ez) An der Scheune steht eine Feuerleiter. Die ist hoch. Sie ist zu hoch für alle.

(Am) Ich gehe auf die Leiter. Ich will nach oben, ganz nach oben.

(Ol) Das ist nicht geheuer. Das wirst du bereuen.

(Am) Nein. Nie.

(Ez) Die Ameise ist schon weit oben auf der Leiter. Sie lacht frech in die Tiefe. Dann ist sie weg.

(Wa) Wo ist die Ameise? Ich sehe sie nicht.

(Wi) Ich auch nicht.

(Ol) Ich auch nicht. O weh, übel, übel.

Alle A-mei-se! A-mei-se! A-mei-se!

(Am) Hier bin ich! Auf dem Sofa in der Scheune. Oben ist eine Spalte in der Mauer. Das geht so: In die Scheune einsteigen und – blopp – auf unser Sofa fallen.

Wer möchtest du sein? Male den Kreis bei deiner Figur in deiner Farbe aus.
Neben dem Lesetext sind auch Kreise. Male auch dort deine Kreise in deiner Farbe aus.

Lies diese Wörter zuerst für dich allein. Du kannst sie silbenlesen oder murmeln.
Dann bildet ihr Tandems. Im Wechsel lest ihr euch die Wörter laut und fehlerfrei vor.

ich wage das, Feuerleiter, bereuen, Tiefe, Spalte

Deine Stolperwörter aus deiner Leserolle schreibst du hier auf die Linien.
Übe sie für dich allein.

Illustration: © Pia Kucera

Lotter, der Taucher

(Ol) Ich war mal mit dem Segeleimer auf dem Kanal. Willi, Walli, ich war doch gut?

(Wa) Du warst mutig. Im Kanal ist die Schleuse. Man darf nur an der Leine in den Kanal. Auch du, Ole.

(Lo) Mein Sauger hat ein Luftloch. Er ist wie ein Schnorchel. Ich möchte durch den Kanal bis nach Amerika tauchen.

(Ra) Walli, wir halten die Leine vom Ufer aus fest.

(Ez) Es geht los und es geht fast gut.

(Ra) Die Leine halten! Halten! Es geht nicht! Nun ist sie im Kanal. Wo? Da! Doch nicht!

(Wa) Wo ist Lotter? O weh! Kein Schnorchel, kein Lotter! Die Gabel in der Scheune! Auf zur Scheune!

Alle Willi, sause! Rase! Hole die Gabel aus der Scheune!

(Ez) Willi holt die Gabel aus der Scheune, rast zur Schleuse und fischt mit der Gabel den Lotter kurz vor Amerika aus dem Kanal.

Wer möchtest du sein? Male den Kreis bei deiner Figur in deiner Farbe aus.
Neben dem Lesetext sind auch Kreise. Male auch dort deine Kreise in deiner Farbe aus.

Lies diese Wörter zuerst für dich allein. Du kannst sie silbenlesen oder murmeln.
Dann bildet ihr Tandems. Im Wechsel lest ihr euch die Wörter laut und fehlerfrei vor.

Schleuse, Sauger, Schnorchel, Amerika, tauchen

Deine Stolperwörter aus deiner Leserolle schreibst du hier auf die Linien.
Übe sie für dich allein.

Illustration: © Pia Kucera

Die Schaukel

(Ez) Lulus Schaukel ist ein Buchenblatt. Das Blatt hängt an einem Spinnennetzfaden bei einem Spinnennetz.

(Lu) Lotter, unsere Schaukel ist fein.

(Lo) Ist sie nicht schief?

(Lu) Egal.

(Lo) Die Schaukel hat auch noch ein Loch. Das ist nicht fein.

(Lu) Egal. Ich sause durch das Loch auf die Wiese.

(Lo) Tu das nicht!

(Lu) Hui … Hilfe!

(Ol) Übel, übel, Lulu klebt im Spinnennetz. Was ist zu tun?

(Lo) Ja, was ist zu tun? Spinnfäden sind übel, so übel.

(Ol) Willi hat einen Besen in der Scheune. Williii! Besen!

(Ez) Willi ist mit seinem Besen da. Er wischt Lulu mit dem Besen in die Wiese.

(Wi) Ole, sofort die Lulu abspritzen! Lotter, spritzen!

Alle Lulu hat hier zu viel Mut.
Am Spinnennetz ist das nicht gut.

Wer möchtest du sein? Male den Kreis bei deiner Figur in deiner Farbe aus.
Neben dem Lesetext sind auch Kreise. Male auch dort deine Kreise in deiner Farbe aus.

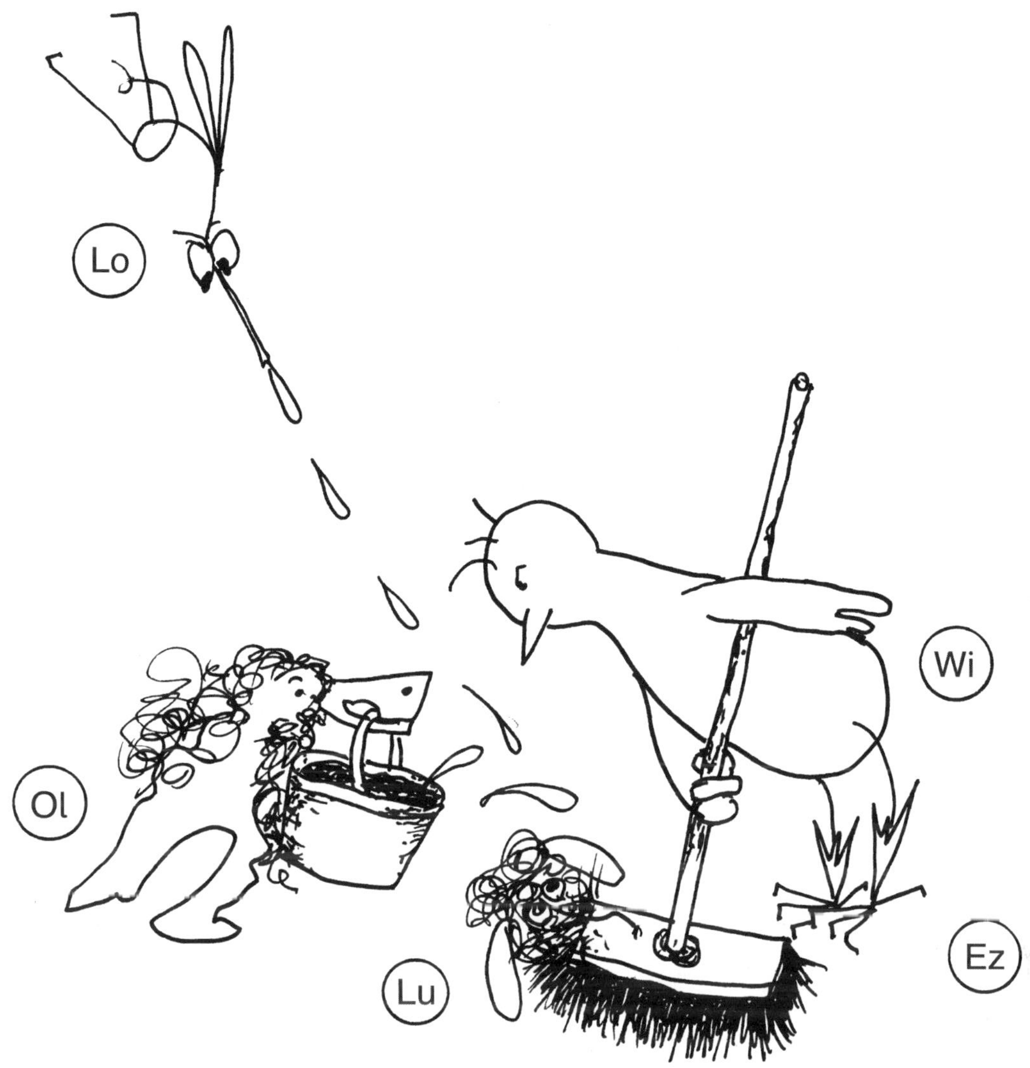

Lies diese Wörter zuerst für dich allein. Du kannst sie silbenlesen oder murmeln.
Dann bildet ihr Tandems. Im Wechsel lest ihr euch die Wörter laut und fehlerfrei vor.

Schaukel, Buchenblatt, Spinnennetzfaden, Spinnennetz, schief, übel, abspritzen

Deine Stolperwörter aus deiner Leserolle schreibst du hier auf die Linien.
Übe sie für dich allein.

Illustration: © Pia Kucera

Tür auf!

(Wa) Ich gehe da hinein.

(Ol) Ich auch.

(Wi) Dann gehe ich auch mit. Heute duftet es sogar schon vor der Tür.

(Ez) Walli, Willi und Ole gehen durch die Tür. Sie sind nun bei einer Brause und einem Klo.

(Wa) Willi, es ist so sauber. Die Tücher sind so schön. Ich gehe hier baden.

(Wi) Nein, tu das nicht! Das ist das Klo.

(Ol) Weiche Tücher liegen sogar auf dem Boden. Hier ist gut hausen. Was ist mit der Bürste?

(Wi) Sie ist fürs Klo.

(Ol) Und die kleine Bürste neben der Tube dort? Die hat einen Schalter. Ich probiere mal.

(Wa) Wir reiten auf der Bürste. Ich zuerst.

(Ez) Ole ist der nächste Reiter,
Bürstenreiten macht sehr heiter.

Wer möchtest du sein? Male den Kreis bei deiner Figur in deiner Farbe aus.
Neben dem Lesetext sind auch Kreise. Male auch dort deine Kreise in deiner Farbe aus.

Lies diese Wörter zuerst für dich allein. Du kannst sie silbenlesen oder murmeln.
Dann bildet ihr Tandems. Im Wechsel lest ihr euch die Wörter laut und fehlerfrei vor.

Tür, heute, duftet es, Brause, hausen, Bürste, Schalter, Reiter

Deine Stolperwörter aus deiner Leserolle schreibst du hier auf die Linien.
Übe sie für dich allein.

Illustration: © Pia Kucera

Der Hagel

Ez Lulu und Lotter rasen zur Wiese und zu den Freunden.
Die sind unter dem Holztisch.

Lu Auf dem Weg zu euch war eine Wolke über uns.
Die war nicht geheuer.

Lo Sie war dunkel und übel. Nun sind wir sicher.

Wi Zu uns flüchten, das ist gut. Wir erwarten euch gerne.

Wa Nach dem Flug gibt es nun eine Limo mit Banane.

Ol Hei, wer haut so hart auf unseren Holztisch!

Ez Ole wird zornig und mutig. Er geht vor den Tisch.

Ol Aua! Da saust ja Eis von oben herab!

Wi Das ist Hagel. Alle bleiben unter dem Tisch. Auch du,
Raspelrosi. Das machst du später. Bleib hier!

Ez Raspelrosi möchte sofort Hagelkörner in der Wiese
raspeln. Raspelrosi ist kurz beleidigt. Später raspelt
sie einen Stapel Hagelkörner klein. Walli holt Honig.

Alle Sich an Hagelraspelhonig laben,
das gibt es nur an Hageltagen.

Wer möchtest du sein? Male den Kreis bei deiner Figur in deiner Farbe aus.
Neben dem Lesetext sind auch Kreise. Male auch dort deine Kreise in deiner Farbe aus.

Lies diese Wörter zuerst für dich allein. Du kannst sie silbenlesen oder murmeln.
Dann bildet ihr Tandems. Im Wechsel lest ihr euch die Wörter laut und fehlerfrei vor.

Hagel, Wolke, geheuer, dunkel, flüchten, hart, beleidigt, Stapel, Hagelraspelhonig, sich laben

Deine Stolperwörter aus deiner Leserolle schreibst du hier auf die Linien.
Übe sie für dich allein.

Illustration: © Pia Kucera

Der Zirkel

(Ez) Walli findet ein Gerät im Gras.

(Wa) Was ist das?

(Lu) Ein Zirkel. Den gibt es in der Schule.

(Ol) Zum Spielen?

(Lo) Auch zum Spielen. Oft machen die Kinder aber mit dem Gerät Kreise in ihre Hefte.

(Ol) Und fliegen? Kann man damit fliegen?

(Lo) Ein Teil in den Boden, ein Teil in die Luft,
dann geht das. Walli, wir machen das!

(Ol) Juhu! Es ist wie im Zirkus. Ich kann im Kreis schleudern und fliegen.

(Lu) Ole, wir fliegen neben dir im Kreis mit
und treiben den Zirkel an.

(Ez) Nicht lange, dann schleudert Ole durch die Luft
und landet im Willi-Walli-Bananenlager.

Alle Die Bananen gut gestampft,
werden sofort weggemampft.

Wer möchtest du sein? Male den Kreis bei deiner Figur in deiner Farbe aus.
Neben dem Lesetext sind auch Kreise. Male auch dort deine Kreise in deiner Farbe aus.

Lies diese Wörter zuerst für dich allein. Du kannst sie silbenlesen oder murmeln.
Dann bildet ihr Tandems. Im Wechsel lest ihr euch die Wörter laut und fehlerfrei vor.

Zirkel, Gerät, Kreise, Zirkus, schleudern, weggemampft

Deine Stolperwörter aus deiner Leserolle schreibst du hier auf die Linien.
Übe sie für dich allein.

Illustration: © Pia Kucera

Impulse zur Gestaltung mit Geräuschen

In das Lesetheater könnt ihr Geräusche einbauen.
Hier stehen verschiedene Anregungen dazu.
Wenn ihr die QR-Codes abscannt, könnt ihr euch Beispielgeräusche anhören.
Sicher findet ihr auch noch andere Begleitgeräusche.
Aber bedenkt: Am wichtigsten sind eure Lesestimmen, mit denen ihr die Geschichten gestaltet.
Die Geräusche sind eine schöne Ergänzung. Sie machen großen Spaß, auch denen, die zuhören.
Und noch etwas: Achtet darauf, dass ihr euch beim Raspeln und Kratzen nicht verletzt!

Raspelgeräusche produzieren:

- Normale oder elektrische Zahnbürsten auf unterschiedlichen Untergründen raspeln lassen.
- Nagelfeilen aneinanderreiben.
- Nagelfeilen auf Zwieback reiben.
- Einen Kamm über einen dicken Karton oder über Wellpappe ziehen.
- Mit einem Nagel oder einer Metallgabel über einen Stein kratzen.
- Auf einer Küchenraspel Holz oder Zwieback raspeln.
- Stifte über Wellpappe ziehen.
- Walnüsse in der Schale gegeneinanderreiben.

Fluggeräusche erzeugen:

- Aus einem Luftballon Luft ablassen.
- Mit einer Luftpumpe oder einem Föhn blasen.
- Über eine feste Papierkante oder Wellpappenkante blasen.
- Über einen Flaschenrand pusten.
- Über einen dünnen Glasrand pusten.
- In leicht zerknittertes Seidenpapier blasen.

Die Lesestimme verfremden:

- Durch eine Papierröhre sprechen.
- Durch ein Tuch sprechen.
- Mit zugehaltener Nase sprechen.
- Einen Finger in den Mundwinkel halten und sprechen.

Gehgeräusche, Schlürfgeräusche, Trippelgeräusche erzeugen:

- Einen Triangelton oder Klanghölzer für Trippelgeräusche einsetzen.
- Seidenpapier zusammenknüllen, mit Stäbchen darauf klopfen.
- Holzkochlöffel gegen Holz klopfen, Holzlöffel über Wellpappe ziehen.
- Mit Schaschlikspießen auf Plastik- oder Blechgefäße klopfen.
- Bürste mit harten Borsten über ein Holzbrett ziehen.
- Nüsse in einer Blechdose schütteln oder leicht bewegen.
- Zeitungspapier zerreißen, zerknüllen.
- Ungekochte Nudeln zerbrechen, mörsern.
- Walnüsse, Eierschalen zerknacken.
- Eine leere Müslitüte knautschen.

Illustrationen: © Pia Kucera

Checkliste

Meine Aussprache ist deutlich.	◯
Die anderen Kinder können mich gut hören.	◯
Die anderen Kinder können mich gut verstehen.	◯
Die Lesefiguren werden durch meine Lesestimme lebendig, weil ich gut betone.	◯
Die Gefühle der Lesefiguren werden deutlich.	◯
Ich setzte Lesepausen an der richtigen Stelle ein.	◯
Ich kann die Übungswörter zum Lesetheater fehlerfrei lesen.	◯
Das Lesen im Lesetheater macht mir Spaß.	◯

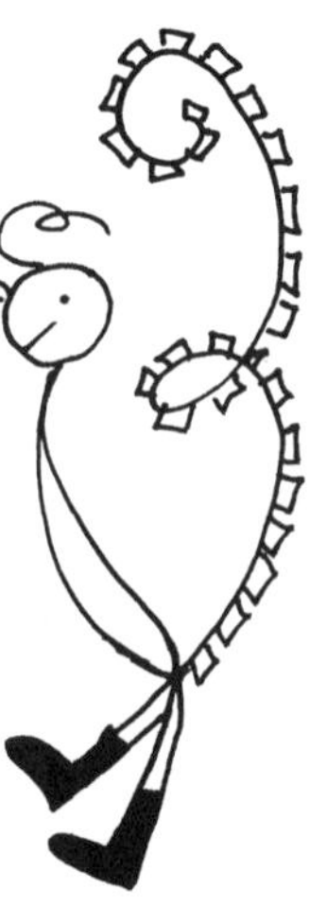

Illustrationen: © Pia Kucera